MUNDART

Bairisch ist (k)eine Kunst!

von HARTMUT RONGE

Langenscheidt
München · Wien

MundArt
Bairisch ist (k)eine Kunst!

Herausgegeben von der Langenscheidt-Redaktion
Idee, Konzeption, Text: Hartmut Ronge
Projektleitung: Gudrun Rücker
Bildredaktion: Ulrich Reisser
Satz und Gestaltung: Karoly Marschall

www.langenscheidt.de

Druck und Bindung: Druckerei C. H. Beck, Nördlingen

ISBN: 978-3-468-73915-6

16010

Vorwort

Nicht nur Kunst ist vielfältig und kreativ, sondern auch unsere Mundarten mit all ihren Facetten. Schon Johann Wolfgang von Goethe wusste: Beim Dialekt fängt die gesprochene Sprache an.

Dialekte machen großen Spaß, sind originell und reizvoll. Und die überraschende Kombination mit berühmten Kunstwerken – der die Reihe ihren Namen verdankt – ist eine besonders vergnügliche Lektüre.

Bairisch ist direkt, manchmal deftig, vor allem aber immer liebenswert, witzig und sehr lebendig. Verschiedene Einflüsse prägen diese faszinierende Sprache – je nach Region gibt es ganz unterschiedliche Ausdrücke, Varianten und Betonungen.

Bairisch kennt auch bei der Schreibweise kein richtig und kein falsch – die Texte orientieren sich weitgehend an der Aussprache. Sonderzeichen wurden keine verwendet, alles steht so geschrieben wie es gesprochen wird. Ach ja: Nicht alles ist immer ganz ernst gemeint ...

Viel Spaß nun beim Lesen, Lernen und Lachen – auf Ihrem Weg zum MundArtisten!

„Wia da Adam gmocht worn is"

gmoit vom Engel's Miche

Lexikon für Außerbayrische

Adamsabbfe	- Adamsapfel, Kehlkopf
Bieserl	- Knabenpenis
Farb fäit	- Farbe fehlt
Fingahaggln	- Fingerhakeln
Flinsal	- (Woll)Fussel
gfaltert	- faltig
gmahde Wiesn	- gemähte Wiese
Gnagg	- Genick
Gniascheim	- Kniescheibe
Heagood	- Herrgott
Himmefadda	- Himmelvater, Gott
hoid eam	- halte ihn fest
iwaroi	- überall
Luja sog i	- Halleluja sage ich
Moasdaschdiggl	- Meisterstück
Naggade	- Nackte
need sauwa garwad	- nicht sauber gearbeitet
Oaschal	- Hinterteil
Pfoad	- Hemd
Schoi	- Schal
Wambm	- Bauch
Zächan	- Zehen

Michelangelo
1501-1504

Die Erschaffung Adams
260 × 570 cm
Fresko
Rom, Sixtinische Kapelle
gemalt 1510

A gmahde wiesn
gfaltert
Himmefadda
Luja sog i!
Fingahaggln
Pfoad
Hoid eam!
Gniascheim
Farb fäit!
Schoi
Oaschal
Zächan
iwaroi Naggade!
Riss (need sauwa garwad)

„Boi im Wiaddshaisl vo da Galett'n Mühln am Montmartre obm"

brodduziert vom Renoir's Gustl

Lexikon für Außerbayrische

Bangg	- Bank
Biadimbbfe	- Säufer, Alkoholiker
dandschige Krott	- liebes adrettes Mädl
danzn	- tanzen
Deggl	- Hut
gamsig	- geil, erregt
gschwoin	- geschwollen, angeberisch
Hendlfenga	- jagt Mädchen hinterher
Herr Owa	- Kellner, Bedienung
hoisn	- umarmen
Hosndiallaung	- Hosentürblick
Jungfa	- Jungfrau
Liachd	- Licht
mosan	- schimpfen
need schee gmoit	- nicht schön gemalt
Noagerlzuzla	- Person die Reste austrinkt
Oaschalwaggln	- Powackeln
Pfoi	- Pfahl, Mast
Raadschkachl	- schwatzhafte Frau
Russ	- Weissbier mit Zitronenlimo
schdoiz	- stolz
Schdroafn	- Streifen
Schnoin	- Prostituierte
Schuabladdla	- Schuhplattler
Schwemm	- Wirtschaft
Siassling	- Süßholzraspler, Schleimer
Wiedaseng	- auf Wiedersehen
Zugroasda	- Auswärtiger, Fremder
Zwiefacher	- Volkstanz

Liachd

Pfoi

Schnoin

gamsig

schdoiz

Oaschalwaggln

Jungfa

dandschige Krott

Renoir, Auguste
1841-1919

Ball im Restaurant Moulin de la Galette auf dem Montmartre
131 × 175 cm
Öl auf Leinwand
Paris, Musée d'Orsay
gemalt 1876

Hendlfenga
Zwiefacher
Herr Owa
Schwemm
Schuabladdla
need schee gmoit
Noagerlzuzla
Raadschkachl
Deggl
Biadimbbfe
wiedaseng!
mosan
danzn
Bangg
hoisn
Hosndiallaung
Schdroafn
gschwoin
Siassling
Russ
Zugroasda

„Sunndanomidog auf da Insl De grous Schissl"

hibinslt vom Seurat's Schorsch

Lexikon für Außerbayrische

Bammsn	- quengelndes Kind
Deandl	- Mädchen
diaf	- tief
Dammbfa	- Dampfer
Doaddn	- Torte
Eigschnabbder	- schnell Beleidigter
Garddl	- kleiner Garten
Gaudinockerln	- Busen
Hallodri	- Arbeitsscheuer, Schürzenjäger
hogga	- sitzen
Hosndial	- Notausgang für Bier
Moila	- Singlefrauen
muaß soacha	- muss pinkeln
rauszobbfde Bleama	- gepflückte Blumen
sandln	- im Sand spielen
Schaddn	- Schatten
Schdäggal	- Stock
Schdaunsn	- Stechmücken
Schluchtnscheißa	- Tiroler
Schnepfn	- liederliches Weib
Stianggllanderrass	- Hundemischling
Voaschbui	- Vorspiel
vui zvui	- viel zuviel
Wimmerl	- aufdringliches Kind
Wuidara	- Wilderer
Wuidschizz	- Wildschütz

Garddl

sandln

diaf

Moila

Schdäggal

Eigschnabbder

Hosndial

Seurat, Georges
1859 - 1891

Ein Sonntagnachmittag auf der Insel La Grande Jatte
207 × 308 cm
Öl auf Leinwand
Chicago, Art Institute
gemalt 1884-86

Schluchtnscheißa
Bammsn
muaß soacha
Schnepfn
Dammbfa
Deandl
Wimmerl
Wuidara
Wuidschizz
Voaschbui
vui zvui
hogga
Schdaunsn
Schaddn
Gaudinockerln
Halllodri
Doaddn
Stiangglanderrass
rauszobbfde Bleama

„Kindaschbui"

gschafft vom Breugl's Beda

Umgoozwuin!

Brusdschwumm

Nosnboara

hifoin

dalinsn

schuzzn

Gimpe

Ruudschn

Maskerer geh

Lexikon für Außerbayrische

auffe	- hinauf
aufmischn	- verhauen
boggschbringa	- bockspringen
Boi	- Ball
Brusdschwumm	- Brustschwimmen
buggn	- bücken
dalinsn	- erspähen, beobachten
dareidn	- etwas reiten
draan	- drehen
dreschn	- schlagen, hauen
Engerl fliag	- Engel flieg
Faschdeggal	- Versteckpiel
Gassnbua	- Streuner
Gimpe	- Einfaltspinsel
grandln	- schimpfen
graxln	- klettern
hifoin	- hinfallen
hischdee	- sich hinstellen
hubbfa	- hüpfen
huddschn	- schaukeln
Hundling	- gewiefter Kerl
Looch	- Loch
Maskerer geh	- maskieren, verkleiden
Nosnboara	- langsamer Mensch, kapiert nichts
Ramasuri	- Durcheinander
Roafn	- Reifen
Ruudschn	- klatschsüchtiges Weib
schuzzn	- schubsen
Umgoozwuin	- Um Gottes Willen
Zou	- Zaun

Brueghel d.Ä., Pieter
1525/30 - 1569

Kinderspiele
118 × 161 cm
Öl auf Eichenholz
Wien, Kunsthistorisches Museum
gemalt 1560

draan
Zou
graxln
hubbfa
Hundling
huddschn
grandln
Boi
auffe
Ramasuri
Gassnbua
dreschn
hischdee
Looch
Engerl fliag!
dareidn
Faschdeggal
boggschbringa
Roafn
buggn
aufmischn

„Bauanhouchzeid"

gmocht vom Breugl's Beda

Oide Schupfn

Duddndandla

newanaus gee

Butzerl

Schanggbuasch

Koa Ledane!

Hoizbredl

Kriagl

Lexikon für Außerbayrische

Butzerl	- Baby, süßes Kind
Dischdeggn	- Tischdecke
drong	- tragen
Duddndandla	- Busengrapscher
Duddara	- Mutterbubi
Goschn	- Schnauze, Schnute
Gschwerl	- Gesindel
Hoizbredl	- Holzbrett
ia Oida fäit	- ihr Mann fehlt
koa Ledane	- keine Lederhose
Kochleffe	- Kochlöffel
Krampfheena	- dummschwätziges Weib
Kriagl	- Krug
Kuddnbrunza	- Klosterbruder, Mönch
newanaus gee	- fremdgehen
oan Haxn zvui	- ein Bein zuviel
Obazda	- bayr. Käsespezialität
obischwoam	- trinken, hinunterstürzen
oide Schupfn	- alte Scheune
radschn	- plaudern
Ranftl	- Brotanschnitt
Sagglbfeiffa	- Dudelsackspieler
sauwa	- sauber
Schanggbuasch	- Schankbursche
Zweagalschdui	- Kinderstuhl

Brueghel d.Ä., Pieter
1525/30 - 1569

Bauernhochzeit
114 × 164 cm
Öl auf Eichenholz
Wien, Kunsthistorisches Museum
gemalt um 1568

Krampfheena
Kuddnbrunza
Sagglbfeiffa
ia Oida fäit!
obischwoam
radschn
Gschwerl
Ranftl
Kochleffe
Duddara
sauwa!
Dischdeggn
Goschn
Obazda
oan Haxn zvui
Zweagalschdui
drong

„Himmiblau”

hi’gschlampert vom Kandisky’s Basilius

Lexikon für Außerbayrische

Biadragl - Bierkasten
Biafuizl - Bierdeckel
Boa - Knochen
Bleamaschdoogscheam - Blumentopfscherben
Brooz - Kröte
Buzzakou - Tannenzapfen
Buzzn - Apfelkerngehäuse
Fleischpflanzl - Frikadelle
Fliagnduscher - Fliegenklatsche
Fozznhowe - Mundharmonika
Glambfn - Gitarre
Glufn - Sicherheitsnadeln
Gnedl - Knödel
Loawedoag - Brötchenteig
Muggn - Mücke
Muichkaramöin - Sahnebonbon
Nudlwoiga - Nudelholz
Oachkazlschwoaf - Eichhörnchenschwanz
Radi - Rettich
Rasiawaschl - Rasierpinsel
Schär - Maulwurf
Schdeggaleis - Eis am Stiel
Schlien - Schlitten
Schmeidosn - Schnupftabakdose
Schuabandl - Schnürsenkel
Schwammal - Pilze
Seierl - Seier
Sunnabruin - Sonnenbrille
Tschigg - Zigarette
Wirschdl - Würstchen
Woibbadinga - Wolpertinger

Kandinsky, Wassily
1866 - 1944

Himmelsblau
100 × 73 cm
Öl auf Leinwand
Paris, Musée national d‘Art moderne
gemalt 1940

Wos kannt dees sei?
I glab, i drah duach!!

Woibbadinga

Muggn

Seierl

Buzzn

Glambfn

Brooz

Fliangduscher

Radi

Tschigg

Nudlwoiga

Bleamaschdoogscheam

Glufn

Muichkaramöin
Biafuizl
Schlien
Oachkazlschwoaf
Biadragl
Schmeidosn
Schdeggaleis
Fozznhowe
Schwammal
wirschdl
Sunnabruin
Schär
Loawedoag
Rasiawaschl
Boa
Gnedl
Fleischpflanzl
Schuabandl
Buzzakou

„Da goldne Fiisch"

fabriziert vom Klee's Paul

lädschad

1 Dass eam da Deifi hoid!

soachwoam

Subbm

hindn

biggad

schbeim muas i!

Schdangerl

Lexikon für Außerbayrische

Bazzlaung	- Glotzaugen
biggad	- klebrig
Boinbrüada	- Angsthasen
debbad	- dämlich
Faschdeggal	- Versteck
Froschal	- Frosch
Gläązn	- Feigling, Weichei
Gwax	- Gewächs
higschmiad	- hingeschmiert
hindn	- hinten
i hoab an Suri	- ich habe einen Rausch
i sog dees ezad	- ich sage das jetzt
lädschad	- weich, schwabbelig
need numoi	- nicht noch einmal
Roozbremsn	- Schnurrbart
schbeim muas i	- ich muss mich übergeben
Schdangerl	- Stängelchen
Schaissa	- Feigling
Schleich di	- geh weg, hau ab
schlodan	- schlottern
soachwoam	- lauwarm
Subbm	- Brühe
ummadum	- rundherum, überall

1 Ihn soll der Teufel holen!

2 Schau bloß, dass du schnell verschwindest!

Klee, Paul
1879-1940

Der goldene Fisch
49,6 × 62,2 cm
Öl und Aquarellfarben auf Pappe
Hamburg, Kunsthalle
gemalt 1925

2

Schaugg, dass'd Land gwinnsd!
ummadum Boinbruada!
Bazzlaung
higschmiad
Roozbremsn
Gläänzn
I sog dees ezad fei need numoi!
schlodan
Gwax
Faschdeggal
Scheissa
Schleich di!
debbad
da woa grad no a Froschal ...
I hoab an Suri!

„D' Schui vo Athen"

ausgmoit vom Raffe

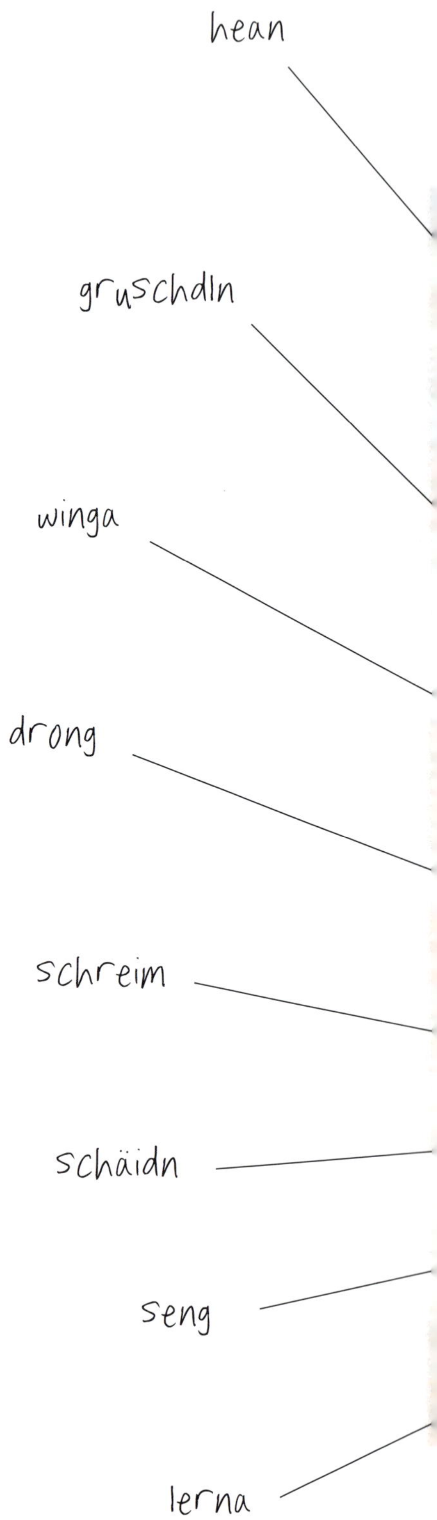

Lexikon für Außerbayrische

bleedstudiert	- zu viel studiert
Brooz	- Angeber
daschregga	- erschrecken
denga	- denken
drazn	- ärgern
driedschln	- trödeln
drong	- tragen
fiachdn	- fürchten
froasn	- daherreden
gein	- loben, prahlen
gruschdln	- stöbern
häiffa	- helfen
hean	- hören
hem	- halten
leana	- lernen
liang	- lügen
moin	- malen
rean	- weinen
reen	- sprechen
sandln	- herumlungern, nichts tun
schäidn	- schelten, fluchen
schdäin	- stehlen
schdeing	- steigen
schiam	- schieben
schreim	- schreiben
seng	- sehen
warddn	- warten
winga	- winken
winschn	- wünschen

Raffael (Raffaello Sanzio)
1483-1520

Die Schule von Athen
Breite des Wandfeldes ca. 10,55 m
Fresko
Rom, Stanza della Segnatura
entstanden 1509/1510

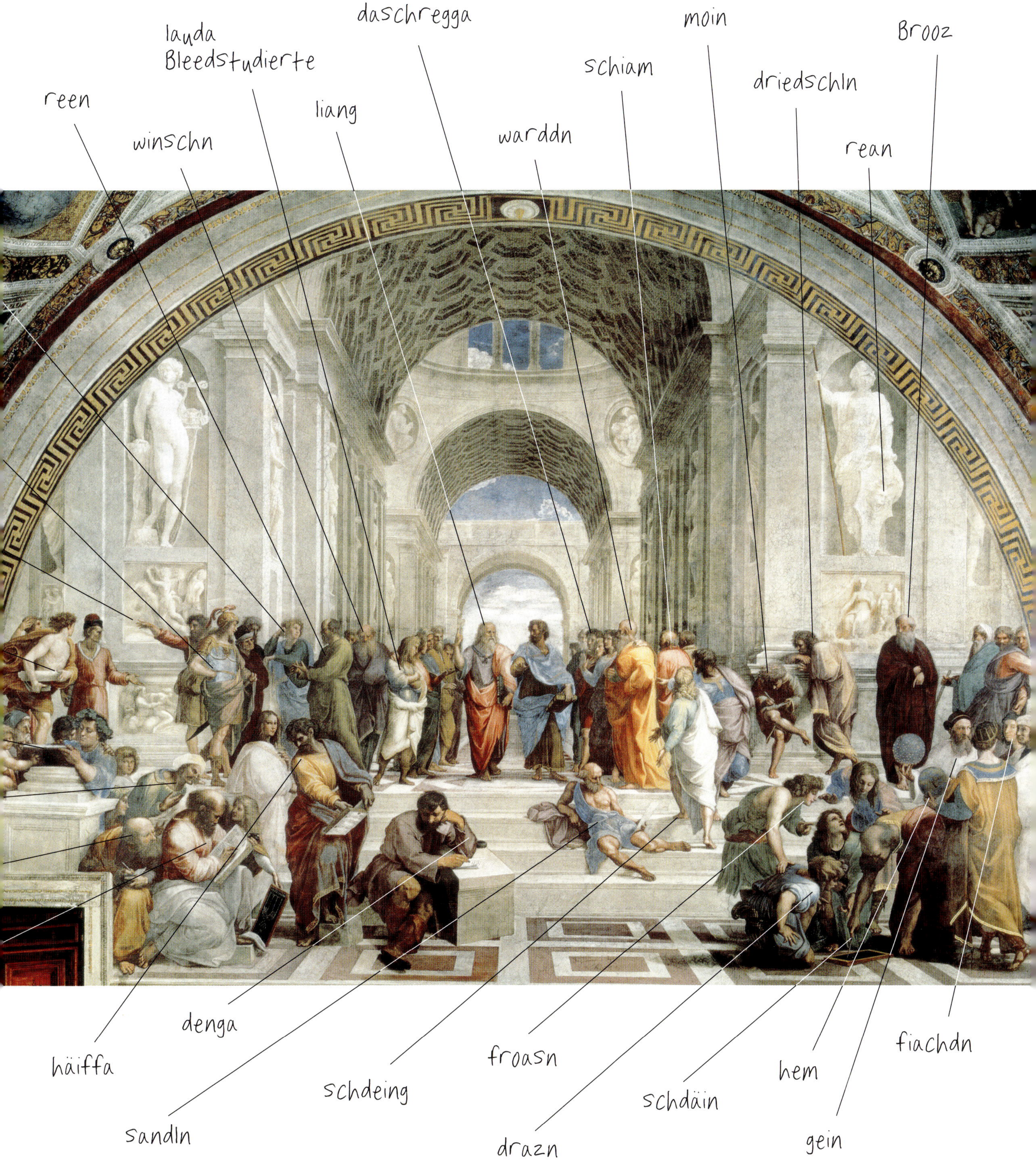
daschregga
moin
laudа
Bleedstudierte
Brooz
schiam
driedschln
reen
liang
warddn
rean
winschn
denga
fiachdn
häiffa
froasn
hem
schdeing
schdäin
sandln
drazn
gein

„Da oame Poet“

hibinslt vom Spitzweng Carli

Lexikon für Außerbayrische

Abfoi	- Abfall
Baggl	- Bündel, Paket
Bfäddn	- Balken im Dachstuhl
Boddschambal	- Nachttopf
Bruin	- Brille
derdädschd	- zedrückt, zerquetscht
dreggad	- schmutzig
Dindnfassl	- Tintenfass
Glubbal	- Wäscheklammer
Grong	- Kragen
Gruggn	- Krücke
Guckerl	- kleine Öffnung, Fenster
Hadern	- Putzlappen
Haggerl	- Haken
Hoizdial	- Holztür
Huad	- Hut
Joppn	- Jacke
Kachlofa	- Kachelofen
Kasbladdl	- Käseblatt, Zeitung
Kiazzn	- Kerze
Kozzn	- grobe Wolldecke
Raach	- Rauch, Ruß
Rengscheam	- Regenschirm
Schariwari	- Kette mit Schmuck
Schbinnawebm	- Spinnwebe
Schdaunsn	- Stechmücke
Schdife	- Stiefel
Schmoizfezzn	- kitschiges Buch, Schnulze
Schnial	- Schnur

Spitzweng, Carl
1808 - 1885

Der arme Poet
36,2 × 44,6 cm
Öl auf Leinwand
München, Neue Pinakothek
gemalt 1839

Schbinnawem

Haggerl

Schnial

Huad

Joppn

Kiazzn

Boddschambal

Raach

Gruggn

derdädschde Schdaunsn
Koa oanzigs Glubbal
Schariwari
Rengscheam
Bfäddn
Guckerl
Kasbladdl
Hadern
Bruin
Dindnfassl
Holzdial
Kachlofa
Schdife
Baggl
Grong
Abfoi
Kozzn
dreggad
Schmoizfezzn

„Haisa mit vui Wesch am druggna"

gmocht vomSchiele's Egon

Soin ma schnaggsln?

Lexikon für Außerbayrische

Bumperl	- Unterhose
die Scheim is hi	- die Scheibe ist kaputt
Dreegwäsch	- Dreckwäsche
Glubbal	- Wäscheklammern
Graffe	- unnützes Zeug, Unrat
gschdoin	- gestohlen
Hadern	- Putzlappen
Heagoodswingge	- Herrgottswinkel
Heibon	- Heuboden
Hemmad	- Hemd
Hoizdaferl	- Holztafel
Iwaziach	- Bettbezug
Latzerl	- Lätzchen
Leiberl	- Unterhemd
Schärhaufn	- Maulwurfshügel
Schdangerl	- Stange
Schdoigwand	- Stallkleidung
Schdum	- Stube
Schimme	- Schimmel
Schnaizdiachl	- Taschentuch
Schoanschdoa	- Schornstein
Sogga	- Strümpfe
soin ma schnaggsln	- sollen wir Liebe machen
voigschissn	- vollgeschissen
Waschbuiva	- Waschpulver
wia hoid dees ois	- wie hält das alles
Zuadeggn	- Bettdecke

die Scheim is hi

s' Waschbuiva is gschdoin!

Schdangerl

Schnaizdiachl

Sogga

Schiele, Egon
1890-1918

Häuser mit trocknender Wäsche
109 × 140 cm
Öl auf Leinwand
Privatbesitz
gemalt 1917

wia hoid dees ois ohne Glubbal?

Heagoodswingge
Schimme
Heibon
voigschissn
Dreegwäsch
Schdum
Hoizdaferl
Schoanschdoa
Latzerl
Schdoigwand
Hemmad
Bumperl
Hadern
Iwaziach
Schärhaufn
Leiberl
Zuadeggn
Graffe

„Da Sündnfoi im Garddn Een"

zamfabriziert vom Rubens' Peter und vom Brueghel's Jan

Lexikon für Außerbayrische

Abbfe	- Apfel
Anddn	- Ente
Bifflamott	- Rindfleisch süß-sauer
Bigauderer	- Truthahn
boid	- bald
Breigaul	- Brauereipferd
Daum	- Taube
Dazzn	- Tatze
flaggn	- liegen
fresn	- fressen
Giggerl	- Gockelhahn
Glusdn	- Gelüste, Verlangen, Begierde
Guagl	- Hals, Kehlkopf
Hasal	- Häschen
host an Schnaid	- traust du dich
iwan Disch ziagn	- über den Tisch ziehen
Kachl	- weibl. Geschlechtsorgan
Koder	- Kater
naggad	- nackig
obandln	- anbandeln
ois Naddua	- alles Natur
Schdeggalfiisch	- Steckerlfisch
umasunsd	- umsonst, kostenlos
Wadlbeißa	- schnappender Hund
Wambm	- Bauch
Wia findsd mi	- was hältst du von mir
Zambbal	- kleiner Hund

1 Die Rehe baden sich, wenn das Wetter schön ist

Peter Paul Rubens & Jan Brueghel
1577-1640 1568-1625

Der Sündenfall im Garten Eden
74,3 × 114,7 cm
Öl auf Holz
Den Haag, Mauritshuis
gemeinsam gemalt um 1616

Dräbonsewenswedascheeis[1]
Host an Schnaid?
Abbfe
Schweinshaxn
Koder
Daum
Guagl
Bifflamott
Hasal
Zambbal
Kachl
Wadlbeißa
Anddn
Giggerl
boid a Schdeggalfiisch
flaggn
Dazzn
Wia findsd mi?

„S' Houchzadsbar mit am Eiffeduam"

gmoit vom Schagall's Marcl

Lexikon für Außerbayrische

a fescha Kambbe	- ein fescher Kerl
Agga	- Acker
aufschbuin	- aufspielen
Bladl	- Blatt, Stück Papier
Bosdla	- Postler
bussln	- küssen
da raochds scho	- hier raucht es schon
do fäid wos	- da fehlt etwas
Eadog	- Ehrentag
Eiffeduam	- Eiffelturm
Feiamelda	- Feuermelder, Rotschopf
gäib	- gelb
Gfriggerds	- Geflügel, Federvieh
Gmoadebb	- Dorftrottel
Goas	- Ziege
Granzljungfa	- Brautjungfer
Heazbumbban	- Herzklopfen
Hois	- Hals
koan	- keinen
Laid	- Leute, Verwandschaft
olanga	- anfassen, berühren
Roamriassl	- noch feucht hinter den Ohren
Schdambfa	- Füße
Schdanglfiaba	- Geilheit
Schdod	- Stadt
schdrumbbfad	- strümpfig

Eadog

da raochds scho!

Schdod

Dachl

Roamriassl

Granzljungfa

Gmoadebb

Agga

schdrumbbfad

Chagall, Marc
1887-1985

Das Brautpaar mit dem Eiffelturm
148 × 145 cm
Öl und Aquarellfarben auf Leinwand
Privatbesitz
gemalt 1938/39

do fäid wos zum fliagn...
bussln
Bladl
Bosdla
gaib
Eiffeduam
Hois
Goas
Heazbumbban
Gfriggerds
olanga
Koan Ring am Finga
Feiamelda
a fescha Kambbe
Schdambfa
Engerl
aufschbuin
Laid
Schdanglfiaba

„Da Jungbrunna"

firtegmocht vom Cranach's Lugge

Lexikon für Außerbayrische

Bieslwossa	- Pisswasser
Blodan	- Ausschlag
Brodzeit	- Frühstück
Brunna	- Brunnen
der bressiad	- er hat es eilig
Drebbm	- Treppe
Dromme	- Trommel
eidaung	- eintauchen, eintunken
eisoafn	- einseifen
em Kini sei Hoamad	- dem König sein Zuhause
Flitscherl	- Flittchen
greisli	- grässlich
gschead	- ungehobelt, taktlos
gwambad	- dick
Heigowe	- Heugabel, dünnes Model
Loadda	- Leiter
miad	- müde
moggsd a Busserl	- magst du einen Kuss
Nuddzn	- weibliche Brust
Oide	- Alte
Roossboin	- Pferdeäpfel
Rosngranz bäddn	- Rosenkranz beten
Schäsn	- Kutsche (abwertend)
Schoasdromme	- Frau mit dickem Hintern
so a Gaudi	- so ein Spaß
webbsad	- aufgeregt, nervös
Wedahex	- hässliche Frau
zupf di	- verschwinde

Cranach d.Ä., Lucas
1472-1553

Der Jungbrunnen
122,5 × 186,5 cm
Öl auf Lindenholz
Staatliche Museen Berlin, Gemäldegalerie
gemalt 1546

Drebbm
Webbsad
miad
Dromme
Moggsd a Busserl?
Brunna
Wedahex
waschn
Brodzeid
Flitscherl
gschead
Bieslwossa
Heigowe
Schoasdromme
So a Gaudi!
eidaung
greisli
Nuddzn
eisoafn

„Doovid“

aussagschlogn vom Engel's Miche

Grong

Buggl

Koa Gschmoass

irxnschmoiz

Nibbl

Gnedlfriedhof

Zibbfe

Beidl

Schdoa in da Brazzn

Wadl

Lexiko für Außerbayrische

Baam	- Baum
Babbm	- Mund
Beidl	- Beutel, Hodensack
Brazzn	- Hand
Buggl	- Rücken
Ellabong	- Ellenbogen
Gnedlfriedhof	- Bauch
Gnia	- Knie
Grong	- Hals, Kragen
Gschmoass	- Vogelschiss
Hifdn	- Hüfte
Hoa	- Haare
irxnschmoiz	- Kraft im Schulterbereich
Kasfiaß	- Käsefüße
Marmorschdoa	- Marmorstein
Nibbl	- Brustwarze
Oawaschl	- Ohr
Roozgloggn	- Nase
Ruam	- Rübe, Kopf
schaugd niwa	- schaut hinüber
Schdoa	- Stein
Schiboa	- Schienbein
Wadl	- Wade
Zächan	- Zehen
Zibbfe	- Penis
zodad	- zottelig
Zwistl	- Schleuder

Michelangelo
1475-1564

David
517 cm
Marmor
Florenz, Galleria dell'Academia
entstanden 1501-1504

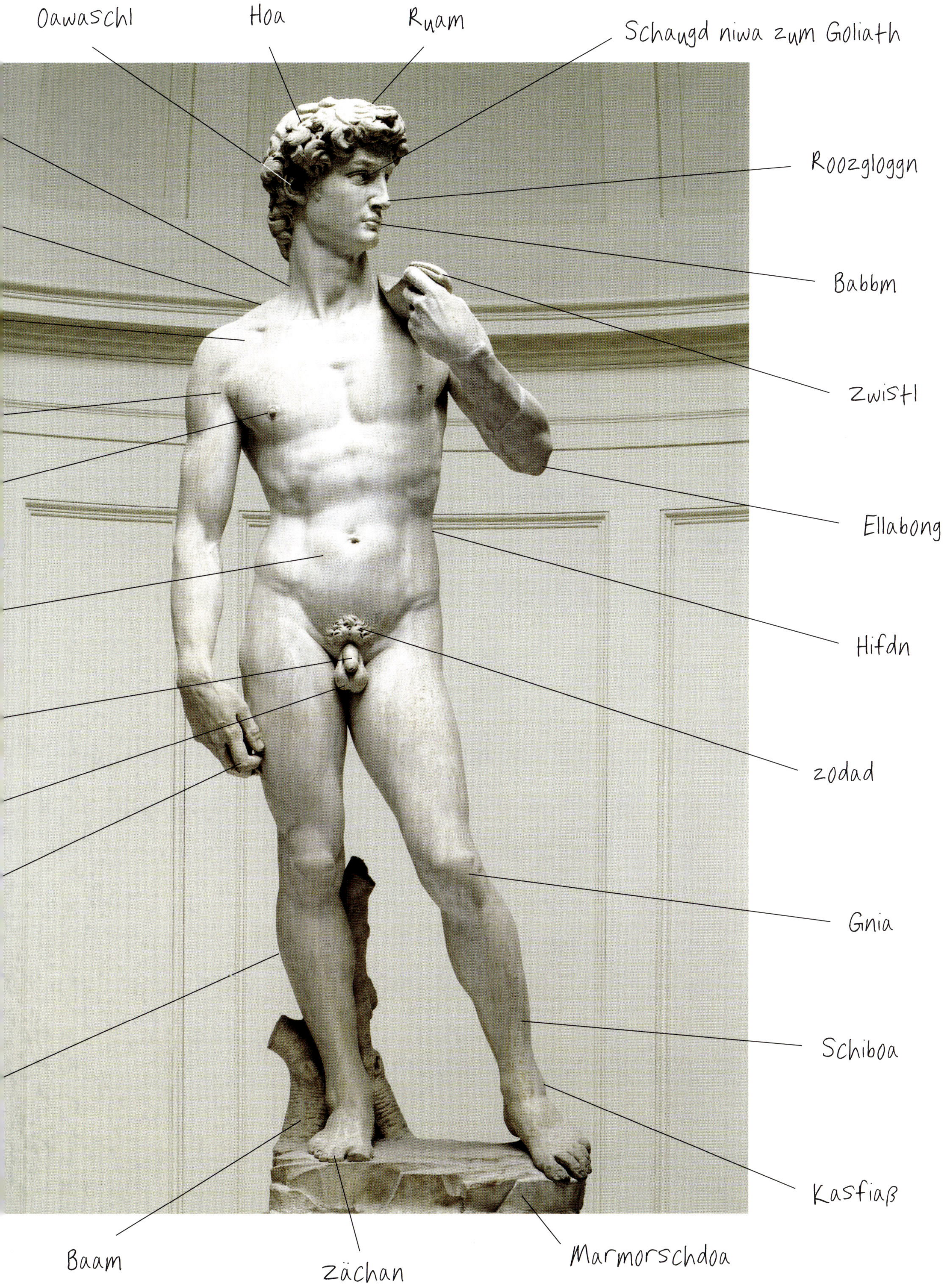
Oawaschl
Hoa
Ruam
Schaugd niwa zum Goliath
Roozgloggn
Babbm
Zwistl
Ellabong
Hifdn
zodad
Gnia
Schiboa
Kasfiaß
Baam
Zächan
Marmorschdoa

„S' ledzda Omdmoi"

higmoit vom da Vinci's Leo

Lexikon für Außerbayrische

A Mass mechad i	- Bitte eine Maß Bier
Bladzerl	- Plätzchen
Boggsbeiddl	- Bocksbeutel-Wein
Brodn	- Braten
Brodzeidbredl	- Frühstücksbrettchen
Dälla	- Teller
du host mi	- du hast mich
fangd scho guad o	- fängt schon gut an
Foiddn	- Falten
gä weida	- was du nicht sagst
glam	- glauben
Gowe	- Gabel
Jesuslaadschn	- einfachste Sandalen
Kichndial fäid	- Küchentür fehlt
Konsd as no daessn	- schaffst du dein Essen noch
mogsd a Brisn	- möchtest du Schnupftabak
oans auf'd Breezn	- soll ich dir in die Fresse hauen
Ranftl	- Brotanschnitt
remaraweng	- reden wir ein bisschen
saggrisch broad	- sehr breit
Schbruuz	- kleine Menge, Spritzer
vui zvui	- viel zu viel
Wassaschnoizn	- Brotsuppe
Wochn	- Woche

1 Schauen wir mal, dann sehen wir schon!

2 Setz dich zu uns her, dann sind wir noch mehr!

3 Geglaubt wird in der Kirche ...

Leonardo da Vinci
1452-1519

Das letzte Abendmahl
460 × 880 cm
Wandgemälde in Öltempera
Mailand, S. Maria delle Grazie
gemalt 1495-1497

Du host's guad, du host mi.
Oans auf'd Breezn?!
1 Schau' ma moi, dann seng ma scho!
Gä weida!
2 Hogg di hera, samma mehra!
3 Glam dean ma in da Kiach ...
A Mass mechad i!
Konsd as no daessn?
Foiddn
saggrisch broad
Kichndial fäid
Ranftl
Koa Gowe?
Brodzeidbredl
Brodn
Jesuslaadschn
wassaschnoizn
Boggsbeiddl
ao a Idee ...

„Händ die wo bäddn"

gschafft vom Dürer's Allbrechd

Lexikon für Außerbayrische

1 Lass mich nicht sterben. Allein ist es nicht einmal im Himmel schön.

2 Jesusmariahilf! Man sagt ja nichts, man redet ja nur ...

3 Wer's glaubt, wird selig. Und wer nicht, kommt auch in den Himmel.

4 Eine Weißwurst, eine Brezel und ein Weißbier bitte. Herr Jesus, das wäre eine Freude!

5 Himmelherrgottnocheinmal! Hörst du mir eigentlich zu?

6 Können würde ich schon, aber mögen tu ich nicht. Drum bete ich mal einen Rosenkranz.

7 Oh je, ich habe das Gebetläuten verpasst ...

8 Du sollst leben bis hundert Jahre nach der Ewigkeit!

9 Danke Himmelvater! Schön war's, viele Leute haben geweint.

10 Da bin ich, da bleib ich, da saufe ich, da spucke ich. Amen.

11 Um Gottes Willen, hoffentlich ist mein Essen nicht versalzen!

12 Da bist du platt - der Pfarrer hat eine Liebschaft ...

Dürer, Albrecht
1471 - 1528

Betende Hände
29 × 19,7 cm
Pinselzeichnung auf blau grundiertem Papier
Wien, Graphische Sammlung Albertina
gezeichnet 1508

1
Loss mi need schderm!
Alloa is need amoi im
Himme schee.

2
Jessasmariahuif!
Ma sogd ja nix,
ma redt ja bloss ...

3
Wers glabt,
wird selig.
Und wer need,
kimmt a
in Himme.

4
A Weißwuaschd, a Brezn
und a Weißbia, biddscheen.
Herrjesasdeeswarafreid!

5
Himmeheagoodnoamoi!
Heasdmaiwahaubdzua?

6
Kinna dad i scho,
aba meng dua i need.
Drum bädd i an
scheena Rosngranz.

7
Du liabe Zeit,
i hob's Bädlaiddn
versaamt ...

8
Soist leem
bis hundad Joa
nach da Ewigkeit!

9
Measse
Himmefadda!
Schee woas,
vui Leit ham
gwoant.

10
Do bin i,
do bleib i,
do sauf i,
do schbeib i.
Amen.

11
Umgoodswuin,
hoffndlich
is mei Essn
need vasoizn!

12
Da leggsd
di nieda –
da Pfarra
hot a
Gschbusi …

„Schdeannochd"

dramt vom van Gog's Vinz

Lexikon für Außerbayrische

bsuffa - betrunken
Buidl - Bild
da foid oam nix mea ei - da fehlen einem die Worte
dummba - dämmrig
duschn - regnen
Goozagga - Gottesacker, Friedhof
Grambbe - Krampus (Helfer vom Nikolaus)
Himme - Himmel
Hoizzei - Holzzeile, Baumstammstapel
kennt a a Faia sei - könnte auch ein Feuer sein
Kiachduamschbizz - Kirchturmspitze
Kniaschwammal - weiche Knie
Näwe - Nebel
Odlgruam - Jauchegrube
Öibaam - Ölbäume
Omd - Abend Sauweda -
schlechtes Wetter
schbaad - spät
Schdean - Sterne
Subbmschui - Sonderschule
schwoaz - schwarz
Wedasäng - Wettersegen
woa fiad Kazz - war umsonst
Woignbruch - Wolkenbruch
zum Schbeim - zum Kotzen
Zybressnbaam - Zypresse

Gogh, Vincent van
1853-1890

Sternennacht
73,7 × 92,1 cm
Öl auf Leinwand
New York, Museum of Modern Art
gemalt 1889

dees Buidl is doch
zum Schbeim!

Sauweda

duschn

da foid oam nix mea ei!

Zybressnbaam

Kennt a a
Faia sei...

Goozagga

Odlgruam

Kiachduamschbizz
dummba
schbaad am Omd
Schdean
Da wedasäng
woa fiad Kazz!
Hosd Kniaschwammal?
Himme
schwoaz
do hausd da
Grambbe
bin i bsuffa?
Öibaam
Hoizzei
Näwe
Himme, Oasch
ond woignbruch!
Subbmschui

„Die grous Wäin vor da Küsdn vo Kanagawa"

fabriziert vom Hokusai's Katsuschigga

1 Em Nodfoi: Schdobbsl ziang!

So en Babb!

need einihubbfa!

aidauchn

Laddn

Kuddschn

Need dasauffa!

zapfig

Lexikon für Außerbayrische

aidauchn	- eintauchen
Babb	- Blödsinn
Blaadan	- Blasen
dahoam	- daheim, zuhause
dees daugd ma	- das gefällt mir
Drebfal	- Tröpfchen
einihubbfa	- hineinspringen
foin	- fallen
fudschi	- kaputt
glei geht's dahi	- gleich geht es böse aus
Joppn	- Jacke
kuddschn	- schaukeln
Laddn	- Latte
mei Heazal bummbad	- mein Herz klopft
Nachdessn	- Abendessen
need dasauffa	- nicht ertrinken
om drom	- oben drauf
pfuuzgern	- blubbern
samma	- sind wir
saudrugga	- völlig trocken
Schaissariddis	- Durchfall
zapfig	- eiskalt

1 Im Notfall: Stöpsel ziehen!

2 Das ist nicht gesund!

3 Kaum fällst du, schon liegst du unten!

Hokusai, Katsushika
1760 - 1849

Die große Woge vor der Küste von Kanagawa
25 × 37,1 cm
Farbholzschnitt
Christie's Images Ltd
entstanden 1831

Glei geht's dahi ...
Dea is om drom Fudschi!
[3] Kam fliagsd obi, scho flaggdsd drunt!
Blaadan
pfuuzgern
wia Ying und Yang
I bin no saudrugga!
[2] Dees is need gsund!
冨嶽三十六景 神奈川沖浪裏
foin
Mei Heazal bummbad!
Dees daugd ma!
I wui mei Joppn auswindn!
Drebfal
I hob Schaissariddis!
Samma zum Nachdessn dahoam?

„Doafschui"

gmocht vom Ankers Bertl

Lexikon für Außerbayrische

Bäsn	- Cousine
Biachal	- kleines Buch
buzzn	- putzen
Daddscher	- Abdruck, Fleck
Daferl	- kleine Tafel
Doldi	- einfältiger Mensch
do missad ma	- da müsste man
drama	- träumen
Gläzn	- Trottel
goschad	- vorlaut
Graffe	- Gelumpe, Gerümpel
Greiz	- Kreuz
Gscheidhaferl	- Besserwisser
Hoosnbiesla	- Hosenpinkler, Angsthase
Howe	- Hobel
Keawe	- Korb
Landbommaranzn	- Frau vom Land
Leffe	- ungezogener Kerl
Loamsiada	- sehr langsamer Mensch
Palmkazzlschdägga	- Palmkätzchenrute
Reabeidl	- Heulsuse
Roozleffe	- Rotzlöffel
Schanial	- Alleskönner
Schlawagg	- Betrüger, Durchtriebener
schoasln	- furzen

1 Gleich wird der Watschenbaum umfallen!
(es könnte jede Menge Ohrfeigen geben)

Anker, Albert
1831-1910

Dorfschule
104 × 175,5 cm
Öl auf Leinwand
Basel, Kunstmuseum
gemalt 1896

1
Glei wead da waadschnbaam umfoin!
Schlawagg
Roozleffe
Doldi
Gscheidhaferl
goschad
Leffe
Gläzn
Hoosnbiesla
Daferl
Daddscher
Graffe
Greiz
Reabeidl
Keawe
Palmkazzlschdägga
Loamsiada
Landbommaranzn

„Wei mit an Fecha"

ausgmoit vom Klimt's Gustl

Lexikon für Außerbayrische

amend	- vielleicht
aufdaggln	- sich herausputzen
Biagling	- Augenlid
Bleamerl	- Blume
brachad wos	- bräuchte etwas
dees daugd ma	- ich bin begeistert
Fecha	- Fächer
Fiaß	- Beine
koane	- keine
Mandal	- Mann
ois	- alles
Schnäggal	- Locken
Schnowe	- Schnabel
Sunndogsgwand	- Feiertagskleidung
vahunzd	- verunstaltet
Wei	- Weib

1 Eine Hochzeit bringt kurze Freude, aber ein langes Leid.

2 Wenn es hinten weh tut, soll man vorne aufhören.

3 Der ist zwei Meter neben dem Kopf noch blöd.

4 Freundchen, Freundchen!

5 Eine Junge isst auch nicht mehr als eine Alte.

6 Die habe ich nur wegen dem Geld geheiratet.

7 Putz dich nur nicht so arg heraus!

8 Warum sollte ich fort fahren, mir gefällt es zu Hause schon nicht!

Klimt, Gustav
1862-1918

Dame mit Fächer
100 × 100 cm
Öl auf Leinwand
Lentos Kunstmuseum Linz
gemalt 1917/18

Was dees Wei denga kennd:

1
A Houzad
bringd a kuaze Fraid,
owa a langs Leid.

2
Wanns hind weh duad,
soima voanaufhean ...

3
Dea is zwoa Mädda
newam Koobf no bläd!

4
Freinddal, Freinddal!

Was ihr Mandal amend dengd:

5
A Junga
frisst a ned mehra
wiar a Oide.

6
Dia hob i blos
zwengs am Gäid
gheirad!

7
Dua di blos need so aufdaggln!

8
Warum soid i fuad foahrn,
mia gfoids dahoam scho need!

dees daugd ma!
Schnäggal
Schnowe
Biagling
brachad wos zum essn!
Bleamerl
hod die koane Fiaß?
aufbrezld
Sunndogsgwand
ois is
vahunzd!

„Da gloa Bahnhof vo Davos"

zambinslt vom Kirchner's Wiggerl

Dees Buildl is dadalalad!

grea

zwerch

Baam

Aisnba

muaß ma schiam

Gloas

Bua

Woad

do missad oana ausgrasn!

Dreg

Lexikon für Außerbayrische

abgsagld	- abgesägt
Ambbe	- Ampel
Aisnba	- Eisenbahn
ausgrasn	- Unkraut entfernen
Aussegroosa	- Fremdgeher
Baam	- Baum
Briddschn	- klatschsüchtiges Weib
Bua	- Junge
Buildl	- Bild
dadalalad	- kitschig
Dial	- Tür
Diggad	- Dickicht
Doaf	- Dorf
do missad oana	- da müsste jemand
Dreg	- Dreck, Unrat
fäid	- fehlt
Gangsteig	- Gehweg
Gloas	- Gleis
gmoin	- gemalt
grea	- grün
higschmiad	- hingeschmiert
laffa	- laufen
Lahn	- Lawine
Lifdlmolarei	- Lüftlmalerei
muaß ma	- muss man
Oimabdriab	- Almabtrieb
Roafn	- Reifen
schiam	- schieben
Woad	- Weide
zwerch	- schräg

Kirchner, Ernst Ludwig
1880 - 1938

Bahnhof Davos
110 × 130 cm
Öl auf Leinwand
St. Gallen, Kunstmuseum
gemalt 1925

higschmiad is need gmoin!
Lahn
Oimabdriab
Koa Lifdlmolarei!
Dial
Doaf
abgsagld
da fäid a Ambbe
laffa
Gangsteig
Diggad
Radl
Roafn
Aussegroosa
Briddschn

„Da Summa"

ausdocht vom Acrimboldo's Sepp

Lexikon für Außerbayrische

Ardischogn	- Artischocke
Arwes	- Erbsen
aufbloozd	- aufgeplatzt
Bian	- Birne
Brumbean	- Brombeere
Buggl	- Rücken
Duddln	- Brüste
Eame	- Ärmel
Gäiweruam	- Karotte
gloane Draum	- kleine Weintrauben
Grong	- Kragen
Gugumara	- Gurke
Guguruzz	- Mais
Gwand	- Kleidung
Haber	- Hafer
Hoslniss	- Haselnüsse
Kadoffe	- Kartoffel
Kiaschn	- Kirschen
Knofe	- Knoblauch
Molbeer	- Himbeere
Pfersch	- Pfirsich
Woazn	- Weizen
Zwedschgn	- Pflaume
Zwiefe	- Zwiebel

Arcimboldo, Giuseppe
1527-1593

Der Sommer
76 × 63,5 cm
Öl auf Leinwand
Paris, Musée du Louvre
gemalt um 1573

Haber

auffbloozde Melon

Guguruzz

gloane Draum

wos is a dees?

Woazn

Grong

Buggl

Eame

Brumbean
Molbeer
Kiaschn
Zwedschgn
Hoslniss
Zwiefe
Gugumara
Pfersch
Arwes
Bian
Ardischogn
Gäiweruam
Duddln
Knofe
Gwand
Kadoffe

Bildnachweis:

Cover-Foto: Raffael, Engel der Sixtinischen Madonna, Dresden, Gemäldegalerie © ARTOTHEK.

ALINARI/ARTOTHEK: 18/19;
ARTOTHEK: 28/29, 32/33;
Bayer&Mitko/ARTOTHEK: 21;
Blauel/Gnamm/ARTOTHEK: 15, 23, 24/25;
Blauel/Gnamm/ARTOTHEK: 27;
Christie's Images Ltd/ARTOTHEK: 39;
Domingie & Rabatti - La Collection/ARTOTHEK: 31;
Hans Hinz/ARTOTHEK: 40/41, 45;
IMAGNO/ARTOTHEK: 35, 43;
Joseph S. Martin/ARTOTHEK: 4/5, 8/9;
Photobusiness/ARTOTHEK: 11, 13;
Westermann/ARTOTHEK: 17;
Peter Willi/ARTOTHEK: 7, 47.